Ile Maurice

D1729717

Ce carnet appartient à

_____

_____

Embarquement immédiat pour la L'ile Maurice!

Décollage immédiat pour la L'ile Maurice!

Bienvenue à Bord!

Tout d'abord merci d'avoir acheté ce carnet de voyage.

Vous trouverez dans ce carnet des lieux incontournables d
L'île Maurice, des conseils pour gérer votre budget vacance
des emplacements pour vos plus belles photos etc..
Mais vous allez y trouver surtout de la place pour décrire
votre voyage.
En effet, aucune photo aussi belle soit telle ne peut tradui
fidèlement l'émotion:

d'une balade au Parc national des gorges de Rivière Noir
ou la découverte des Terres des Sept Couleurs par exempl

Alors prenez votre plus belle plume et immortalisez vos
émotions dans votre CARNET DE VOYAGE

Bon voyage!

Ma bucket list voyage

Priorite 1 (A realiser absolument)

_____ ☐
_____ ☐
_____ ☐
_____ ☐
_____ ☐
_____ ☐

Priorite 2 (A realiser si possible)

_____ ☐
_____ ☐
_____ ☐
_____ ☐
_____ ☐
_____ ☐

LES INCONTOURNABLES

- Randonnee et trekking
- Sports nautiques et plongee sous-marine
- Vie nocturne et danse Sega
- Visite guidee du parc naturel et de loisirs de Casela

- Plages de l'Ile aux Cerfs et Trou aux Biches

- la plage de flic en flac

- le parc national de Bras d'Eau

- Parc national des gorges de Riviere Noire
- le jardin botanique de Pamplemousses

Conseils pour maitriser son budget vacances

VOYAGER HORS DE LA SAISON

FAITES VOS BAGAGES CORRECTEMENT

AYEZ UN BUDGET

RèSERVEZ VOLS à L'AVANCE

RéSERVATION DE DERNIèRE MINUTE

GEREZ VOTRE BUDGET

Budget Vacances

Hébergement	Dépense	Budget	Réel

Transport	Dépense	Budget	Réel

Notes

Date:

Objectifs de la journee

A voir (Monuments, ville.....)

_____ ☐
_____ ☐
_____ ☐
_____ ☐

A faire (Restaurant, Cinema, Excursion...)

_____ ☐
_____ ☐
_____ ☐
_____ ☐

Bilan de la journee

_____
_____
_____

☹ ☆ ☆ ☆ ☆ ☆ ☺

LA PHOTO DU JOUR

...

104

Show all comments (17)

Date:

Objectifs de la journee

A voir (Monuments, ville.....)

_____ ☐

_____ ☐

_____ ☐

_____ ☐

A faire (Restaurant, Cinema, Excursion...)

_____ ☐

_____ ☐

_____ ☐

_____ ☐

Bilan de la journee

_____

_____

☹ ☆ ☆ ☆ ☆ ☆ ☺

LA PHOTO DU JOUR

•••

104

Show all comments (17)

Date:

Objectifs de la journee

A voir (Monuments, ville.....)

_____ ☐
_____ ☐
_____ ☐
_____ ☐

A faire (Restaurant, Cinema, Excursion...)

_____ ☐
_____ ☐
_____ ☐
_____ ☐

Bilan de la journee

_____
_____
_____

☹ ☆ ☆ ☆ ☆ ☆ ☺

LA PHOTO DU JOUR

...

104

Show all comments (17)

Date:

Objectifs de la journée

A voir (Monuments, ville.....)

_____ ☐
_____ ☐
_____ ☐
_____ ☐

A faire (Restaurant, Cinema, Excursion...)

_____ ☐
_____ ☐
_____ ☐
_____ ☐

Bilan de la journée

_____
_____
_____

☹ ☆ ☆ ☆ ☆ ☆ ☺

LA PHOTO DU JOUR

•••

104

Show all comments (17)

Date:

Objectifs de la journee

A voir (Monuments, ville.....)

———————————————— ☐
———————————————— ☐
———————————————— ☐
———————————————— ☐

A faire (Restaurant, Cinema, Excursion...)

———————————————— ☐
———————————————— ☐
———————————————— ☐
———————————————— ☐

Bilan de la journee

————————————————
————————————————
————————————————

☹ ☆ ☆ ☆ ☆ ☆ ☺

LA PHOTO DU JOUR

...

104

Show all comments (17)

Date:

Objectifs de la journee

A voir (Monuments, ville.....)

——————————————————— ☐
——————————————————— ☐
——————————————————— ☐
——————————————————— ☐

A faire (Restaurant, Cinema, Excursion...)

——————————————————— ☐
——————————————————— ☐
——————————————————— ☐
——————————————————— ☐

Bilan de la journee

———————————————————
———————————————————
———————————————————

☹ ☆ ☆ ☆ ☆ ☆ ☺

LA PHOTO DU JOUR

...

104

Show all comments (17)

Date:

Objectifs de la journee

A voir (Monuments. ville.....)

_____ ☐

_____ ☐

_____ ☐

_____ ☐

A faire (Restaurant. Cinema. Excursion...)

_____ ☐

_____ ☐

_____ ☐

_____ ☐

Bilan de la journee

_____

_____

_____

LA PHOTO DU JOUR

...

104

Show all comments (17)

Date:

Objectifs de la journee

A voir (Monuments, ville.....)

_____ ☐

_____ ☐

_____ ☐

_____ ☐

A faire (Restaurant, Cinema, Excursion...)

_____ ☐

_____ ☐

_____ ☐

_____ ☐

Bilan de la journee

_____

_____

_____

☹ ☆ ☆ ☆ ☆ ☆ ☺

LA PHOTO DU JOUR

...

104

Show all comments (17)

Objectifs de la journee

A voir (Monuments, ville.....)

_____ ☐
_____ ☐
_____ ☐
_____ ☐

A faire (Restaurant, Cinema, Excursion...)

_____ ☐
_____ ☐
_____ ☐
_____ ☐

Bilan de la journee

_____
_____
_____

☹ ☆ ☆ ☆ ☆ ☆ ☺

LA PHOTO DU JOUR

...

104

Show all comments (17)

Date:

Objectifs de la journee

A voir (Monuments. ville.....)

_____ ☐

_____ ☐

_____ ☐

_____ ☐

A faire (Restaurant. Cinema. Excursion...)

_____ ☐

_____ ☐

_____ ☐

_____ ☐

Bilan de la journee

_____

_____

_____

☹ ☆ ☆ ☆ ☆ ☆ ☺

LA PHOTO DU JOUR

· · ·

104

Show all comments (17)

Date:

Objectifs de la journée

A voir (Monuments. ville......)

_____ ☐

_____ ☐

_____ ☐

_____ ☐

A faire (Restaurant. Cinema. Excursion...)

_____ ☐

_____ ☐

_____ ☐

_____ ☐

Bilan de la journee

_____

_____

_____

☹ ☆ ☆ ☆ ☆ ☆ ☺

LA PHOTO DU JOUR

•••

104

Show all comments (17)

Date:

Objectifs de la journee

A voir (Monuments, ville.....)

_____ ☐
_____ ☐
_____ ☐
_____ ☐

A faire (Restaurant, Cinema, Excursion...)

_____ ☐
_____ ☐
_____ ☐
_____ ☐

Bilan de la journee

_____
_____

LA PHOTO DU JOUR

...

104

Show all comments (17)

Date:

Objectifs de la journee

A voir (Monuments, ville.....)

_____ ☐

_____ ☐

_____ ☐

_____ ☐

A faire (Restaurant, Cinema, Excursion...)

_____ ☐

_____ ☐

_____ ☐

_____ ☐

Bilan de la journee

_____

_____

☹ ☆ ☆ ☆ ☆ ☆ ☺

LA PHOTO DU JOUR

· · ·

104

Show all comments (17)

Date:

Objectifs de la journee

A voir (Monuments. ville......)

_____ ☐

_____ ☐

_____ ☐

_____ ☐

A faire (Restaurant. Cinema. Excursion...)

_____ ☐

_____ ☐

_____ ☐

_____ ☐

Bilan de la journee

_____

_____

☹ ☆ ☆ ☆ ☆ ☆ ☺

LA PHOTO DU JOUR

•••

104

Show all comments (17)

Date:

Objectifs de la journee

A voir (Monuments, ville.....)

_____ ☐

_____ ☐

_____ ☐

_____ ☐

A faire (Restaurant, Cinema, Excursion...)

_____ ☐

_____ ☐

_____ ☐

_____ ☐

Bilan de la journee

_____

_____

☹ ☆ ☆ ☆ ☆ ☆ ☺

LA PHOTO DU JOUR

• • •

104

Show all comments (17)

Date:

Objectifs de la journee

A voir (Monuments. ville......)

——————————————— ☐
——————————————— ☐
——————————————— ☐
——————————————— ☐

A faire (Restaurant. Cinema. Excursion...)

——————————————— ☐
——————————————— ☐
——————————————— ☐
——————————————— ☐

Bilan de la journee

———————————————
———————————————
———————————————

☹ ☆ ☆ ☆ ☆ ☆ ☺

LA PHOTO DU JOUR

· · ·

104

Show all comments (17)

Date:

Objectifs de la journee

A voir (Monuments, ville.....)

_____ ☐

_____ ☐

_____ ☐

_____ ☐

A faire (Restaurant, Cinema, Excursion...)

_____ ☐

_____ ☐

_____ ☐

_____ ☐

Bilan de la journee

_____

_____

☹ ☆ ☆ ☆ ☆ ☆ ☺

LA PHOTO DU JOUR

❤ ♡ ⊿   🔖

104

Show all comments (17)

Date:

Objectifs de la journée

A voir (Monuments, ville.....)

_____ ☐
_____ ☐
_____ ☐
_____ ☐

A faire (Restaurant, Cinema, Excursion...)

_____ ☐
_____ ☐
_____ ☐
_____ ☐

Bilan de la journée

_____
_____
_____

☹ ☆ ☆ ☆ ☆ ☆ ☺

LA PHOTO DU JOUR

•••

104

Show all comments (17)

Date:

Objectifs de la journee

A voir (Monuments, ville.....)

_____ ☐

_____ ☐

_____ ☐

_____ ☐

A faire (Restaurant, Cinema, Excursion...)

_____ ☐

_____ ☐

_____ ☐

_____ ☐

Bilan de la journee

_____

_____

☹ ☆ ☆ ☆ ☆ ☆ ☺

LA PHOTO DU JOUR

●●●

104

Show all comments (17)

Objectifs de la journee

A voir (Monuments, ville......)

_____ ☐
_____ ☐
_____ ☐
_____ ☐

A faire (Restaurant, Cinema, Excursion...)

_____ ☐
_____ ☐
_____ ☐
_____ ☐

Bilan de la journee

_____
_____
_____

☹ ☆ ☆ ☆ ☆ ☆ ☺

LA PHOTO DU JOUR

•••

104

Show all comments (17)

Date:

Objectifs de la journee

A voir (Monuments, ville.....)

_____ ☐
_____ ☐
_____ ☐
_____ ☐

A faire (Restaurant, Cinema, Excursion...)

_____ ☐
_____ ☐
_____ ☐
_____ ☐

Bilan de la journee

_____
_____

☹ ☆ ☆ ☆ ☆ ☆ ☺

LA PHOTO DU JOUR

...

104

Show all comments (17)

Date:

Objectifs de la journee

A voir (Monuments, ville.....)

_____ ☐

_____ ☐

_____ ☐

_____ ☐

A faire (Restaurant, Cinema, Excursion...)

_____ ☐

_____ ☐

_____ ☐

_____ ☐

Bilan de la journee

_____

_____

LA PHOTO DU JOUR

•••

104

Show all comments (17)

Date:

Objectifs de la journee

A voir (Monuments. ville......)

_____ ☐

_____ ☐

_____ ☐

_____ ☐

A faire (Restaurant. Cinema. Excursion...)

_____ ☐

_____ ☐

_____ ☐

_____ ☐

Bilan de la journee

_____

_____

_____

☹ ☆ ☆ ☆ ☆ ☆ ☺

LA PHOTO DU JOUR

• • •

104

Show all comments (17)

Date:

Objectifs de la journee

A voir (Monuments, ville.....)

_____ ☐

_____ ☐

_____ ☐

_____ ☐

A faire (Restaurant, Cinema, Excursion...)

_____ ☐

_____ ☐

_____ ☐

_____ ☐

Bilan de la journee

_____

_____

☹ ☆ ☆ ☆ ☆ ☆ ☺

LA PHOTO DU JOUR

•••

104

Show all comments (17)

Date:

Objectifs de la journee

A voir (Monuments, ville.....)

_____ ☐

_____ ☐

_____ ☐

_____ ☐

A faire (Restaurant, Cinema, Excursion...)

_____ ☐

_____ ☐

_____ ☐

_____ ☐

Bilan de la journee

_____

_____

☹ ☆ ☆ ☆ ☆ ☆ ☺

LA PHOTO DU JOUR

•••

104

Show all comments (17)

Date:

Objectifs de la journee

A voir (Monuments, ville.....)

_____ ☐
_____ ☐
_____ ☐
_____ ☐

A faire (Restaurant, Cinema, Excursion...)

_____ ☐
_____ ☐
_____ ☐
_____ ☐

Bilan de la journee

_____
_____
_____

☹ ☆ ☆ ☆ ☆ ☆ ☺

LA PHOTO DU JOUR

•••

104

Show all comments (17)

Date:

Objectifs de la journee

A voir (Monuments, ville.....)

_____ ☐

_____ ☐

_____ ☐

_____ ☐

A faire (Restaurant, Cinema, Excursion...)

_____ ☐

_____ ☐

_____ ☐

_____ ☐

Bilan de la journee

_____

_____

☹ ☆ ☆ ☆ ☆ ☆ ☺

LA PHOTO DU JOUR

●●●

104

Show all comments (17)

Objectifs de la journee

A voir (Monuments, ville.....)

_____ ☐
_____ ☐
_____ ☐
_____ ☐

A faire (Restaurant, Cinema, Excursion...)

_____ ☐
_____ ☐
_____ ☐
_____ ☐

Bilan de la journee

_____
_____
_____

☹ ☆ ☆ ☆ ☆ ☆ ☺

LA PHOTO DU JOUR

...

104

Show all comments (17)

Date:

Objectifs de la journee

A voir (Monuments, ville.....)

_____ ☐
_____ ☐
_____ ☐
_____ ☐

A faire (Restaurant.Cinema. Excursion...)

_____ ☐
_____ ☐
_____ ☐
_____ ☐

Bilan de la journee

_____
_____
_____

☹ ☆ ☆ ☆ ☆ ☆ ☺

LA PHOTO DU JOUR

•••

104

Show all comments (17)

Date:

Objectifs de la journee

A voir (Monuments, ville.....)

_____ ☐
_____ ☐
_____ ☐
_____ ☐

A faire (Restaurant, Cinema, Excursion...)

_____ ☐
_____ ☐
_____ ☐
_____ ☐

Bilan de la journee

_____
_____

☹ ☆ ☆ ☆ ☆ ☆ ☺

LA PHOTO DU JOUR

...

104

Show all comments (17)

Date:

Objectifs de la journee

A voir (Monuments, ville.....)

_____ ☐

_____ ☐

_____ ☐

_____ ☐

A faire (Restaurant, Cinema, Excursion...)

_____ ☐

_____ ☐

_____ ☐

_____ ☐

Bilan de la journee

_____

_____

☹ ☆ ☆ ☆ ☆ ☆ ☺

LA PHOTO DU JOUR

• • •

104

Show all comments (17)

Objectifs de la journée

A voir (Monuments, ville.....)

_____ ☐
_____ ☐
_____ ☐
_____ ☐

A faire (Restaurant, Cinema, Excursion...)

_____ ☐
_____ ☐
_____ ☐
_____ ☐

Bilan de la journee

_____
_____
_____

☹ ☆ ☆ ☆ ☆ ☆ ☺

LA PHOTO DU JOUR

...

104

Show all comments (17)

Date:

Objectifs de la journee

A voir (Monuments. ville.....)

_____ ☐

_____ ☐

_____ ☐

_____ ☐

A faire (Restaurant. Cinema. Excursion...)

_____ ☐

_____ ☐

_____ ☐

_____ ☐

Bilan de la journee

_____

_____

☹ ☆ ☆ ☆ ☆ ☆ ☺

LA PHOTO DU JOUR

...

104

Show all comments (17)

Date:

Objectifs de la journee

A voir (Monuments, ville.....)

_____ ☐
_____ ☐
_____ ☐
_____ ☐

A faire (Restaurant, Cinema, Excursion...)

_____ ☐
_____ ☐
_____ ☐
_____ ☐

Bilan de la journee

_____
_____

☹ ☆ ☆ ☆ ☆ ☆ ☺

LA PHOTO DU JOUR

...

104

Show all comments (17)

Date:

objectifs de la journee

A voir (Monuments, ville.....)

_____ ☐

_____ ☐

_____ ☐

_____ ☐

A faire (Restaurant, Cinema, Excursion...)

_____ ☐

_____ ☐

_____ ☐

_____ ☐

Bilan de la journee

_____

_____

☹ ☆ ☆ ☆ ☆ ☆ ☺

LA PHOTO DU JOUR

•••

104

Show all comments (17)

Date:

objectifs de la journee

A voir (Monuments. ville.....)

_____ ☐
_____ ☐
_____ ☐
_____ ☐

A faire (Restaurant. Cinema. Excursion...)

_____ ☐
_____ ☐
_____ ☐
_____ ☐

Bilan de la journee

_____
_____
_____

☹ ☆ ☆ ☆ ☆ ☆ ☺

LA PHOTO DU JOUR

...

104

Objectifs de la journee

A voir (Monuments, ville.....)

_____ ☐
_____ ☐
_____ ☐
_____ ☐

A faire (Restaurant, Cinema, Excursion...)

_____ ☐
_____ ☐
_____ ☐
_____ ☐

Bilan de la journee

_____
_____

☹ ☆ ☆ ☆ ☆ ☆ ☺

LA PHOTO DU JOUR

...

104

Show all comments (17)

Date:

Objectifs de la journée

A voir (Monuments, ville.....)

_____ ☐

_____ ☐

_____ ☐

_____ ☐

A faire (Restaurant, Cinema, Excursion...)

_____ ☐

_____ ☐

_____ ☐

_____ ☐

Bilan de la journée

_____

_____

☹ ☆ ☆ ☆ ☆ ☆ ☺

LA PHOTO DU JOUR

•••

104

Show all comments (17)

Date:

Objectifs de la journee

A voir (Monuments, ville.....)

_____ ☐

_____ ☐

_____ ☐

_____ ☐

A faire (Restaurant, Cinema, Excursion...)

_____ ☐

_____ ☐

_____ ☐

_____ ☐

Bilan de la journee

_____

_____

_____

☹ ☆ ☆ ☆ ☆ ☆ ☺

LA PHOTO DU JOUR

...

104

Show all comments (17)

Date:

objectifs de la journee

A voir (Monuments, ville.....)

☐
☐
☐
☐

A faire (Restaurant, Cinema, Excursion...)

☐
☐
☐
☐

Bilan de la journee

☹ ☆ ☆ ☆ ☆ ☆ ☺

LA PHOTO DU JOUR

...

104

Show all comments (17)

Objectifs de la journee

A voir (Monuments, ville.....)

_____ ☐
_____ ☐
_____ ☐
_____ ☐

A faire (Restaurant, Cinema, Excursion...)

_____ ☐
_____ ☐
_____ ☐
_____ ☐

Bilan de la journee

_____
_____
_____

☹ ☆ ☆ ☆ ☆ ☆ ☺

LA PHOTO DU JOUR

• • •

104

Show all comments (17)

Date:

Objectifs de la journee

A voir (Monuments, ville.....)

_____ ☐
_____ ☐
_____ ☐
_____ ☐

A faire (Restaurant, Cinema, Excursion...)

_____ ☐
_____ ☐
_____ ☐
_____ ☐

Bilan de la journee

_____
_____
_____

☹ ☆ ☆ ☆ ☆ ☆ ☺

LA PHOTO DU JOUR

...

104

Show all comments (17)

Date:

Objectifs de la journee

A voir (Monuments, ville.....)

	☐
_____	☐
_____	☐
_____	☐
_____	

A faire (Restaurant, Cinema, Excursion...)

	☐
_____	☐
_____	☐
_____	☐
_____	

Bilan de la journee

_____

_____

☹ ☆ ☆ ☆ ☆ ☆ ☺

LA PHOTO DU JOUR

•••

104

Show all comments (17)

BILAN DE MON VOYAGE

J'AI AIMÉ

J'AI MOINS AIME

J'AI RECOMMANDE

Printed in France by Amazon
Brétigny-sur-Orge, FR

18192273R00057